BEI GRIN MACHT SICH IHR WISSEN BEZAHLT

AF148950

- Wir veröffentlichen Ihre Hausarbeit,
  Bachelor- und Masterarbeit

- Ihr eigenes eBook und Buch -
  weltweit in allen wichtigen Shops

- Verdienen Sie an jedem Verkauf

Jetzt bei www.GRIN.com hochladen
und kostenlos publizieren

Pradeep Manjooran

Literarkritik - Eine Einführung

GRIN Verlag

Bibliografische Information der Deutschen Nationalbibliothek:

Die Deutsche Bibliothek verzeichnet diese Publikation in der Deutschen National-
bibliografie; detaillierte bibliografische Daten sind im Internet über http://dnb.d-
nb.de/ abrufbar.

Dieses Werk sowie alle darin enthaltenen einzelnen Beiträge und Abbildungen
sind urheberrechtlich geschützt. Jede Verwertung, die nicht ausdrücklich vom
Urheberrechtsschutz zugelassen ist, bedarf der vorherigen Zustimmung des Verla-
ges. Das gilt insbesondere für Vervielfältigungen, Bearbeitungen, Übersetzungen,
Mikroverfilmungen, Auswertungen durch Datenbanken und für die Einspeicherung
und Verarbeitung in elektronische Systeme. Alle Rechte, auch die des auszugsweisen
Nachdrucks, der fotomechanischen Wiedergabe (einschließlich Mikrokopie) sowie
der Auswertung durch Datenbanken oder ähnliche Einrichtungen, vorbehalten.

Impressum:

Copyright © 2007 GRIN Verlag GmbH
Druck und Bindung: Books on Demand GmbH, Norderstedt Germany
ISBN: 978-3-656-10486-5

Dieses Buch bei GRIN:

http://www.grin.com/de/e-book/92112/literarkritik-eine-einfuehrung

GRIN - Your knowledge has value

Der GRIN Verlag publiziert seit 1998 wissenschaftliche Arbeiten von Studenten, Hochschullehrern und anderen Akademikern als eBook und gedrucktes Buch. Die Verlagswebsite www.grin.com ist die ideale Plattform zur Veröffentlichung von Hausarbeiten, Abschlussarbeiten, wissenschaftlichen Aufsätzen, Dissertationen und Fachbüchern.

Besuchen Sie uns im Internet:

http://www.grin.com/

http://www.facebook.com/grincom

http://www.twitter.com/grin_com

Westfälische Wilhelms-Universität Münster - Katholisch-Theologische Fakultät

Einführung in die exegetischen Methoden (A)

SoSe 2007

Schriftliche Ausarbeitung des Referats:

Die Literarkritik

Inhaltsverzeichnis

1 Einleitung

Exegese hat das Ziel die Intention und den Hintergrund biblischer Überlieferung zu erhellen. Die Literarkritik ist ein Teil der historisch-kritischen Exegese; sie will prüfen aus welchen verschiedenen Schichten ein Text, der im „literarischen Endstadium"[1] in der Bibel vorliegt, besteht. Exegeten die die Literarkritik anwenden, möchten so genau wie möglich nachvollziehen, wie die Texte entstanden sind, die meist mündlich überliefert wurden und im Laufe der Zeit auf Grund von Anwendung auf die individuelle Situation einer Gemeinde oder eines Person häufig verändert wurden. Die Überlieferungen wurden so über viele Generationen mit persönlichen Erfahrungen erweitert. Auch die „Autoren" die diese Erzählungen schließlich in einen größeren Kontext gestellt und zu einem Gesamtwerk zusammengefasst haben, haben ihre eigene „Handschrift" hinterlassen.

Um die verschiedenen Schichten herauszufiltern untersucht die Literarkritik den gegebenen Text auf sechs Kriterien, die jeweils Indizien für Uneinheitlichkeit des Textes darstellen.

In der vorliegenden Arbeit wird zu erst ein knapper Überblick über die Geschichte der Literarkritik gegeben und anschließend die Methode vorgestellt. Im dritten Punkt werden die sechs Kriterien detailliert beschrieben und anhand von Beispielen deutlich gemacht. Die Arbeit abschließen wird ein Fazit, welches die Vorzüge, aber auch die Problematik, die die Literarkritik mit sich bringt, zusammenfassen wird.

2 Kurzer Überblick über die Geschichte der literarkritischen Exegese

Bereits in den ersten Jahrhunderten gab es Auseinandersetzungen sowohl jüdischer als auch christlicher Exegeten mit verschiedenen Vorstellungen über die Entstehung der Bücher des Alten Testaments; eine besonders problematische Rolle spielten dabei die fünf Bücher des Mose. Die Frage war ob Mose, der Protagonist vieler verschiedener Erzählungen war, alle Bücher des Pentateuchs, einschließlich des Kapitels des Deuteronomiums (Dtn 34,5-12) welches seinen Tod beschreibt, selber hätte verfassen können. Die Meinungen darüber gingen auseinander, Josephus Flavius einerseits steht für die Gedankenschule die Dtn 34,5-12 für

---

[1] Steck, O. H.: Exegese des Alten Testaments: Leitfaden der Methodik; ein Arbeitsbuch für Proseminare, Seminare und Vorlesungen (Neukirchner Verlag), Neukirchen-Vluyn. 14. Aufl., 1999. p. 47 (künftig zitiert als: Steck: Leitfaden der Methodik)

eine authentische prophetische Voraussage des Mose hält, während der babylonische Talmud andererseits, Dtn 34,5-12 Josua zuschrieb.[2]

Im 12. Jahrhundert verfasste der jüdische Gelehrte A Ibn Esra Kommentare zum Pentateuch in denen er bereits kleine Zweifel an Mose als Verfasser äußerte.

Die moderne Literarkritik wird im Bezug zur Frage nach den Autoren des Pentateuchs erst seit dem 18. Jahrhundert angewendet. J. Astruc übernahm Mitte des 18. Jahrhunderts den Ansatz des deutschen Pfarrers H.B. Witter, der aufgrund der zwei Gottesnahmen Elohim und JHWH in Genesis auf zwei Quellen schloss. Darauf aufbauend formulierte Astruc die *Ältere Urkundenhypothese,* „Die davon ausgeht, dass der Wechsel der Gottesnamen auf die beiden Hauptquellen des Pentateuch zurückzuführen sei."[3].

Als weitere Hypothese diente die *Fragmentenhypothese* von Geddes und J.S. Vater. Sie geht davon aus dass die verschiedenen Fragmente im Pentateuch auf zwei verschiedene Traditionskreise zurückzuführen sei.

Letztlich sei noch die *Ergänzungshypothese* genannt, die die Vorzüge der beiden vorher genannten Herangehensweisen versucht zu bündeln. Sie geht davon aus, dass die Basisschrift mit dem Gottesnamen Elohim arbeitete, und sie durch eine jüngere Schrift, in der Gott als JHWH bezeichnet wird ergänzt wurde.

Diese drei Hypothesen bildeten den Anfang der modernen Literarkritik die im Laufe der Zeit eine immer gewichtigere Position erhielt. Heute lässt sie sich nicht auf das Alte Testament begrenzen; in beiden Büchern lassen sich mit Hilfe der Literarkritik wichtige Informationen über ihre Entstehungsgeschichte erschließen.

3 Die Methode

3.1 Aufgabe der Literarkritik

Die literarkritische Methode wird mit dem Ziel angewendet, verschiedene literarische Schichten innerhalb eines Textes voneinander zu trennen, um so ein genaueres Verständnis für die Entstehungsgeschichte und den Hintergrund der jeweiligen Texte zu erhalten. Mit Ausnahme des Sonderfalls der synoptischen Evangelien, bei denen das Markusevangelium eindeutig als Vorlage für das Lukas- und das Matthäusevangelium identifiziert wurde, ist der

---

[2] vgl. Kreuzer, S. u.a.: Proseminar I. Altes Testament: ein Arbeitsbuch. (Kohlhammer), Stuttgart; Berlin; Köln. 1999. p. 56 (künftig zitiert als: Kreuzer: Proseminar AT.)
[3] Kreuzer: Proseminar AT. p. 57

Entstehungsprozess bei den meisten Texten nur sehr schwer zu rekonstruieren; als kapables Hilfsmittel dient die Literarkritik.

3.2 Ansatzpunkt und Ziel der Literarkritik

Um die Einheitlichkeit eines Textes zu untersuchen, versucht man mit Hilfe der in Punkt 3 vorgestellten Kriterien, den Beginn und das Ende einer kleinen Texteinheit zu bestimmen, um so den gesamten Text in seine ursprünglichen, eigenständigen Teile aufzutrennen. Man unterscheidet drei verschiedene Typen von Texteinheiten:

(1) Die *ursprüngliche kleine Einheit*: sie besteht wenn der Text „inhaltlich abgerundet"[4] ist; d.h. dass sie auch ohne ihren Kontext verständlich ist, da sie über ein sinnigen Anfang und ein sinniges Ende verfügt.

(2) Das *Fragment*: es besteht wenn ein Text nur bruchstückweise vorhanden ist; d.h. dass er zwar aus sich selbst heraus verständlich ist aber über kein sinnigen Anfang und über kein sinniges Ende verfügt. Die fehlenden Bruchstücke können entweder im Laufe einer (oder mehrerer) Fortschreibung(en) ganz verloren gegangen sein, in manchen Fällen findet man die fehlenden Fragmente auch in anderen Textstellen wieder.[5]

(3) Die *Erweiterung*: sie besteht wenn die Einheit aus sich selbst gar keinen Sinn macht und weder sinnigen Anfang, noch sinniges Ende vorweisen kann. Ein Spezialfall der Erweiterung ist die *Glosse*; sie besteht in den meisten Fällen aus nur wenigen Wörtern.

Abschließend versucht die Literarkritik die getrennten Texteinheiten in eine *relative Chronologie* zu setzten, mit dem Ziel so die Fortschreibungen einer *ursprünglichen kleinen Einhei*t visuell erkennbar zu machen.

4 Die Kriterien

Beim Lesen alt- und neutestamentlicher Schriften fallen einem oft Unstimmigkeiten ins Auge; so findet man häufig unmotivierte Gedankensprünge, sich wiederholende Textpassagen, sich widersprechende Aussagen oder dergleichen vor.

Um diese Unebenheiten in einem Text, mit deren Hilfe man auf dessen Uneinheitlichkeit schließen kann, systematisch herauszuarbeiten wendet man im Allgemeinen fünf Kriterien an,

---

[4] Fohrer, G. u.a.: Exegese des Alten Testaments. Einführung in die Methodik (UTB 267), Heidelberg, 6. Aufl. 1993 (künftig zitiert als: Fohrer: Einführung in die Methodik.)
[5] vgl. Fohrer: Einführung in die Methodik. p. 54

die im Folgenden näher erläutert werden. Desto mehr Kriterien in einer Textpassage nachgewiesen werden können, desto wahrscheinlicher ist es, dass der Text aus einer mehrschichtigen Entwicklungsgeschichte, mit einer oder mehreren Fortschreibungen, hervorgegangen ist.

4.1 Doppelungen und Wiederholungen

Das wohl wichtigste Kriterium der Literarkritik ist das der *Doppelungen* und *Wiederholungen*. Von *Doppelungen* wird gesprochen, wenn eine Gegebenheit in einer Passage mehrfach erzählt wird. *Doppelungen* treten nicht nur auf inhaltlicher, sondern auch auf formaler Ebene auf.[6]

Als klassisches alttestamentliches Beispiel gilt „Die Erzählung der Sinnflut" Gen 6,5 – 9,27[7], in der 14 *Doppelungen* auftauchen:

(1)	Bosheit der Menschen	6,5	6,11-12
(2)	Entschluss zur Vernichtung	6,7	6,13
(3)	Ankündigung der Flut	7,4	6,17
(4)	Befehl zum Besteigen der Arche	7,1	6,18
(5)	Aufforderung zur Mitnahme einer bestimmten Zahl von Tieren	7,2	6,19-20
(6)	um diese am Leben zu erhalten	7,3	6,19
(7)	Besteigen der Arche mit den Tieren	7,7-9	7,13-16
(8)	Kommen der Flut	7,10	7,11
(9)	Ansteigen der Wasser und Fahrt der Arche	7,17	7,18
(10)	Vernichtung von allem Lebendigen	7,22-23	7,20-21
(11)	Aufhören der Flut	8,2b	8,2a
(12)	Abnahme der Wasser	8,3a	8,35.b
(13)	Anstoß zum Herausgehen aus der Arche	8,6-12	8,15-17
(14)	Zusage Gottes, nie wieder eine Flut zu schicken[8]	8,20-22	9,8-17

Diese vielfachen *Doppelungen* sind Indizien dafür, dass der Text im Nachhinein zusammengefügt worden ist. Man muss diesen Befund jedoch differenziert betrachten und darf auch die Möglichkeit nicht außer Acht lassen, dass der Autor/die Autoren einige Wiederholungen intentionell eingefügt hat/haben, um gewisse Punkte besonders zu unterstreichen.

---

[6] vgl. Ebner, M./Heiniger, B.: Exegese des Neuen Testaments. Ein Arbeitsbuch für Lehre und Praxis (UTB 2677), Paderborn u.a. 2005. p. 160 (künftig zitiert als: Ebner/Heiniger: Exegese des Neuen Testaments.)
[7] diese, und alle künftig gemachten Referenzen zur Bibel beziehen sich auf die Einheitsübersetzung der Heiligen Schrift, erschienen im Pattloch Verlag, 1990
[8] Zenger, E. u.a.: Einleitung in das Alte Testament. (Kohlhammer Studienbücher Theologie), Stuttgart, 6. Aufl. 2006. p. 80 (künftig zitiert als: Zenger: Altes Testament.)

Wiederholungen sind Satzteile, oder sogar ganze Sätze die relativ wörtlich wiederholt werden. So wird, beispielsweise, im Gleichnis vom verlorenen Schaf (Lk 15,7) geschrieben: „Ich sage euch: So wird (mehr) Freude im Himmel sein über einen umkehrenden Sünder…". Nur wenige Verse weiter, im Gleichnis von der verlorenen Drachme (Lk 15,10) wird dieser Abschnitt fast wortgleich wiederholt: „So sage ich euch, entsteht Freude vor den Engeln Gottes über einen umkehrenden Sünder"[9] Ebenso, wie bei den *Doppelungen*, ist dies zwar kein Beweis, aber doch ein starker Hinweis auf die Uneinheitlichkeit dieser Textpassage.

4.2 Unvereinbare Spannungen und störende Widersprüche

Als zweit-wichtigstes Kriterium dienen *unvereinbare Spannungen* (nicht gut aufeinander abgestimmte Angaben) und *störende Widersprüche* (miteinander gänzlich unvereinbare Angaben).

Ein Beispiel für schlecht aufeinander abgestimmte Angaben gibt es am Anfang des Markusevangeliums:

> (1) Dort heißt es dass Johannes der Täufer in der Wüste tauft (Mk 1,4), später wird bekundigt dass Jesus in die Wüste kommt um sich taufen zu lassen (Mk 1,9). Nach der Taufe erscheint der Geist, und treibt ihn wiederum in die Wüste (Mk 1,12), in der er ja laut Mk 1,9 bereits ist.

Ein klassisches Paradigma für sich widersprechende Angaben ist erneut „Die Erzählung der Sinnflut" Gen 6,5 – 9,27:

> (1) Die Ursache der Flut ist zum einen „die Schlechtigkeit des Menschen" und seine Bosheit (Gen 6,5), zum anderen dass die Erde mit samt allen „Wesen aus Fleisch…verdorben" war (Gen 6,12).

> (2) Die Anzahl der Tiere, die auf die Arche genommen werden sollen, variiert; so sollen einerseits „Von allem, was lebt,…, zwei in die Arche" geführt werden (Gen 6,19), und andererseits „Von allen reinen Tieren…je sieben Paare" (Gen 7,2).

> (3) Über die Dauer der Flut werden ebenfalls zwei sich widersprechende Aussagen getätigt; so gibt es die Angabe „vierzig Tage und vierzig Nächte" (Gen 7,4.12) und „150 Tage" (Gen 7,24).

> (4) Der Grund für das Hinausgehen aus der Arche ist erstens der gelungene Versuch der ausgesendeten Taube (Gen 8,6-12), und zweitens der Befehl Gottes (Gen 8,15). [10]

---

[9] vgl. Ebner/Heiniger: Exegese des Neuen Testaments. p. 161
[10] vgl. Zenger: Altes Testament. p. 80

4.3 Stilistische Argumente

Unter die Kategorie „Stilistische Argumente" fallen in erster Linie *syntaktische Brüche* und „...*der Wechsel von konkret-erzählenden zu abstrakt wertenden Lexemen...*"[11].

Einen schwerwiegenden *syntaktischen Bruch* findet man im Johannesevangelium:

> (1) In Joh 20,18 ruft Maria von Magdala Folgendes aus: „Ich habe den Herrn gesehen, und das hat er *ihr* gesagt." Dieser grammatikalische Fehler ist so gravierend, dass er in manchen Handschriften bereits verändert wurde.

Mit „*Wechsel von konkret-erzählenden zu abstrakt wertenden Lexemen*" meint man den oft vorkommenden abrupten Wechsel von sehr plastischer, anschaulicher Sprache zu einer Ausdrucksweise die mit theologisch-wertenden Begriffen durchzogen ist. Beispielhaft dafür, ist die Perikope Joh 9,1-7:

> (2) Die Textpassage lässt sich durch dieses Kriterium klar in zwei Schichten scheiden. Zum einen ist eine Rahmenhandlung zu erkennen, in der Jesus einen Blinden heilt. Dieser Part ist sehr bildlich beschrieben; „..., spuckte er (sc. Jesus) auf die Erde; dann machte er mit dem Speichel einen Teig, strich ihn dem Blinden auf die Augen und sagte zu ihm: ..." (Joh 9,6)
> Eingefasst in diese Rahmenverse, sind 3 Verse (Joh 9,2-5), deren Sprachwahl sich von dem Rest des Textes stark absetzt; die Passage ist gespickt von theologisch-wertenden Begriffen wie „sündigen", „Sendung" und „offenbar werden".

Diese Darlegungen sprechen dafür dass sich die eigentliche Heilungsgeschichte auf die Verse 9,1.6-7 begrenzen lässt, während die Verse 9,2-5 erst später in die Geschichte eingefügt wurden.[12]

4.4 Dubletten und Parallelen

Unter *Parallelen* versteht man Textteile in denen ähnliches Vokabular verwendet wird. Um Parallelen ausfindig zu machen, muss der Fokus von einzelnen Texten weggenommen und auf das gesamte Großwerk gelegt werden. Essentiell für diese Suche sind *Wortstatistiken* und *Konkordanzen*, mit deren Hilfe man erkennen kann, ob gewisse Wörter oder bestimmte Formulierungen innerhalb eines Evangeliums besonders zahlreich vorkommen, was ein Hinweis auf die sprachliche Präferenz des jeweiligen Autors sein kann.

Der Evangelist Markus, beispielsweise, scheint eine besondere Vorliebe für die Bezeichnung „Meer" zu haben. Zum Beispiel:

---

[11] Ebner/Heiniger: Exegese des Neuen Testaments. p. 163
[12] vgl. ebd.

(1) „Und er ging wieder hinaus am Meer entlang" (Mk 2,13)
(2) „Und Jesus mit seinen Schülern entwich zum Meer" (Mk 3,7)
(3) „…und er war am Meer" (Mk 5,21)
(4) „Und wieder hinausgehend … kam er … ans Meer der Galiläia" (Mk 7,31)

Im gesamten Markusevangelium finden sich 19 Belege für das griechische Wort für „Meer".

Im Vergleich dazu benutzen die anderen Synoptiker die griechische Bezeichnung für „Meer" weitaus weniger; bei Lukas findet man sie nur drei mal, bei Matthäus, dessen Evangelium im Umfang knapp die doppelte Länge hat wie das des Markus, 16 mal.

Für sich alleine sind *Parallelen* als Kriterium der Literarkritik nicht ausreichend, im Zusammenwirken mit anderen Kriterien allerdings erhalten sie mehr Gewicht

Im Gegensatz zu *Parallelen*, in denen nur einzelne Wörter oder Redewendungen wiederholt vorkommen, sind *Dubletten* „…Wiederholungen ganzer Textstücke"[13]. *Dubletten* sind literarkritisch außerordentlich hilfreich, sie sind auch ein wichtiger Teil des Nachweises der Zwei-Quellen-Theorie.

Die Aussendung der Jünger wird im Lukasevangelium zweimal beschrieben:
(1) In Lk 9,1-6 ist eine deutliche Ausrichtung an Markus zu erkennen,
(2) während im zweiten Fall, in Lk 10,1-16, Dubletten zu Matthäus offenbar werden.

Es wird davon ausgegangen dass Lukas, genau wie Matthäus, neben Markus noch eine weitere, die so genannte Logienquelle als Vorlage verwendet hat.

Dubletten dürfen nicht mit so genannten *Doppelüberlieferungen* verwechselt werden. Von *Doppelüberlieferungen* spricht man wenn zwei Evangelisten dieselbe Geschichte erzählen; jedoch auf verschiede Art und Weise. Als Beispiel gilt die Schilderung des letzten Abendmahles Jesu, „…deren einer Strang durch Mk 14,22-25 (par Mt 26,26-29), deren anderer durch 1 Kor 11,23-26 repräsentiert wird."[14]

Was die *Doppelüberlieferung* von *Dubletten*, und anderen literarkritischen Merkmalen unterscheidet ist, dass sie sich auf Doppelungen bezieht, die in zwei verschiedenen Texteinheiten vorkommen, und so ist sie methodisch eher dem Gebiet der Überlieferungsgeschichte zuzuordnen.

---

[13] Ebner/Heiniger: Exegese des Neuen Testaments. p. 164
[14] Ebner/Heiniger: Exegese des Neuen Testaments. p. 165

4.5 Kombination von Gattungen

Sollte man bei der Lektüre eines Bibeltextes Motive verschiedener Textgattungen erkennen, ist dies oft ein Anhaltspunkt dafür, dass die Passage aus vorher eigenständigen Texten zusammengefügt wurde. Ein Beispiel für dieses Kriterium bietet Lk 7,36 – 50; die Salbung Jesu durch die Sünderin:

(1) In der Rahmenhandlung dieser Passage gibt es einige Belege für eine *Gastmahlschilderung*; Jesus „… legte sich zu Tisch" (Lk 7,36) und die Sünderin, die überraschender Weise am Ort des Geschehens auftaucht, küsst Jesu seine Füße „…und salbte sie mit dem Öl." (Lk 7,38)

(2) Die zweite Gattung die zu erkennen ist, ist die der so genannten *Apophtegmen*. Jesus` Kontakt mit der Sünderin wird von dem Pharisäer als anstoßend empfunden. Der, für Apophtegmen typische, Einwand des Pharisäers erfolgt durch ein Selbstgespräch, das Jesus hört: „…: Wenn er wirklich ein Prophet wäre, müsste er wissen, was das für eine Frau ist, ..." (Lk 7,39)

(3) Jesu antwortet dem Pharisäer in der Form eines *Gleichnisses*: „Simon, ich möchte dir etwas sagen. …" (Lk 7,40 – 42)

(4) Der Satz „…:Deine Sünden sind dir vergeben." (Lk 7, 48), den Jesu der Sünderin zuspricht, ist Wortgleich mit dem Satz den Jesus dem Gelähmten nach seiner Heilung in Kapharnaun sagte. Dies ist also ein Ansatz einer *Wundergeschichte*, die vierte, und letzte, Gattung in dieser Textpassage

Der Befund, dass vier verschiedene Gattungen in diesem Textstück identifiziert werden konnten, ist ein starkes Indiz dafür dass diese Teile vorher selbständig waren, und erst im Nachhinein in diese Form gebracht wurden.

5 Fazit

Die Literarkritik kann ein sehr fähiges Hilfsmittel zur Ermittlung der Entstehungsgeschichte eines biblischen Textes sein; aber erst im Zusammenspiel mit anderen Methoden, wie der Redaktionskritik, der Formkritik, der Überlieferungskritik können aus den Indizien, die die Literarkritik herausarbeitet, „Beweise" gemacht werden. In dem sie die größeren literarischen Zusammenhänge skizziert leistet sie Vorarbeit für die weiteren exegetischen Schritte.[15]

Die Gefahr der literarkritischen Methode ist, dass man all zu leicht mit der heutigen Logik an einen Text herangeht, und so oft *Spannungen*, *Doppelungen* und *Wiederholungen* als störend einschätzt, die zur Zeit der Entstehung jedoch gewollt waren, und eine bestimmte Intention des Autors unterstreichen. Sollte man eins, oder mehrere der o.g. Kriterien finden, so bedeutet

---

[15] vgl. Steck: Leitfaden der Methodik. p. 60

das nicht per se, dass verschiedene Verfasser am Werk waren. Es besteht die Gefahr dass sich die Literarkritik in manchen Bereichen überschätzt und das Wesentliche übersieht.

Ein weiterer Kritikpunkt ist, dass die Literarkritik mit der negativen Erwartung an den Text heran geht dass er uneinheitlich ist. Eigentlich sollte ein Exeget jedoch andersherum arbeiten, und die Suche nach Einheitlichkeit der Suche nach *Spannungen*, *Doppelungen* und *Brüchen* vorordnen. „Denn die Frage nach der Kohärenz zielt auf die Ermittlung der Form im Sinne eines sinnvollen Zusammenhanges."[16]

Abschließend lässt sich sagen dass die Literarkritik, trotz der eben genannten Kritikpunkte, eine große Bereicherung der exegetischen Landschaft ist, und dass sie heute zu Recht eine der wichtigsten exegetischen Methoden ist.

---

[16] Berger, K.: Exegese des Neuen Testaments. Neue Wege vom Text zur Auslegung.(UTB 658), Heidelberg 1977. p. 32

6 Literaturangaben

BERGER, K.: Exegese des Neuen Testaments. Neue Wege vom Text zur Auslegung (UTB 658), Heidelberg 1977

CONZELMANN, H./LINDEMANN, A.: Arbeitsbuch zum Neuen Testament (UTB 52), Mohr Siebeck u.a. 2004

EBNER, M./HEINIGER, B.: Exegese des Neuen Testaments. Ein Arbeitsbuch für Lehre und Praxis (UTB 2677), Paderborn u.a. 2005

FOHRER, G. u.a.: Exegese des Alten Testaments. Einführung in die Methodik (UTB 267), Heidelberg, 6. Aufl. 1993

KREUZER, S./VIERWEGGER, D. u.a.: Proseminar I. Altes Testament: ein Arbeitsbuch (Kohlhammer), Stuttgart; Berlin; Köln. 1999

STECK, O. H.: Exegese des Alten Testaments: Leitfaden der Methodik; ein Arbeitsbuch für Proseminare, Seminare und Vorlesungen (Neukirchner Verlag), Neukirchen-Vluyn. 14. Aufl., 1999

ZENGER, E. u.a.: Einleitung in das Alte Testament (Kohlhammer), Stuttgart, 6. Aufl. 2006